CW00959316

Everyday
CONVERSATIONS IN Russian

Nicholas Maltzoff

National Textbook Company
NTC a division of NTC *Publishing Group* • Lincolnwood, Illinois USA

1991 Printing

Published by National Textbook Company, a division of NTC Publishing Group.
© 1984 by NTC Publishing Group, 4255 West Touhy Avenue,
Lincolnwood (Chicago), Illinois 60646-1975 U.S.A.
Manufactured in the United States of America.

1 2 3 4 5 6 7 8 9 ML 9 8 7

PREFACE

Everyday Conversations in Russian is designed for students who have just begun their study of the Russian language. In writing this book, the author has assumed only the most basic student knowledge of vocabulary and grammar, as well as an elementary reading ability. For a rapid review of basic vocabulary, students should consult the word list on page vii. The list establishes a foundation of 50 words essential to a mastery of the initial conversations.

The book has been divided into four sections. First, there is a set of elementary conversations. These are followed by dialogues employing adverbial expressions of time, place, etc. More advanced conversations comprise the third section. The book concludes with a series of dialogues set in a Russian summer school.

Conversations in each section are brief and contain the simplest grammar structures possible. In the first section of the book (the first third), verbs only in the present tense have been used—except in the case of the "variants." Very few declensions of adjectives are included, and there are almost no noun or adjective declensions in the plural. Nonetheless, the goal of simplicity does not override the importance of presenting lively and natural-sounding conversations.

The vocabulary specifies both aspects of the Russian verb. At this level, it will be sufficient to explain that the perfective infinitive means "to do something," while the imperfective infinitive means "to be doing something."

Supplementary expressions, or variants, are supplied to introduce variety into students' recitations in class. The variants tend to be somewhat more advanced grammatically and are more idiomatic than expressions found in the conversations. They also specify the correct form for a woman speaking Russian.

In the last section of the book, each conversation is followed by a brief narrative. The narratives are designed to teach students to connect sentences into a coherent story.

iii

СОДЕРЖА́НИЕ

		Страни́ца
Предисло́вие	. . . . . .	iii
Основно́й запа́с слов	. . . . .	vii
Приме́ры для перево́да	. . .	viii, ix
1. Приве́тствия	. . . . . .	1
2. Язы́к	. . . .	3
3. Знако́мство	. . . . .	5
4. Приглаше́ние	. . . . .	7
5. Пого́да	. . . . . .	9
6. Где	. . . . . .	11
7. Когда́	. . . . . .	13
8. Как	. . . . . .	15
9. Ско́лько	. . . . . .	17
10. Како́й	. . . . .	19
11. О шко́ле	. . . . .	21
12. О рабо́те	. . . . .	23
13. О путеше́ствии	. . . .	25
14. О свобо́дном вре́мени	. . . .	27
15. О газе́тах	. . . . .	29
16. Пе́рвый день	. . . . .	31
17. В столо́вой	. . . . .	34
18. Пе́ред уро́ком	. . . . .	37
19. Спорт	. . . . .	39
20. Ве́чером	. . . . .	42
Словарь	. . . . .	45

CONTENTS

		PAGE
PREFACE		iii
BASIC WORD LIST		vii
EXAMPLES FOR TRANSLATION . .		viii, ix
1. Greetings		1
2. Language		3
3. Meeting, Getting Acquainted . .		5
4. Invitation		7
5. Weather		9
6. Where		11
7. When		13
8. How		15
9. How Much		17
10. What, What Kind Of . . .		19
11. About School		21
12. About Work		23
13. About a Trip		25
14. About Free Time		27
15. About Newspapers		29
16. The First Day		31
17. In the Dining Room		34
18. Before Class		37
19. Sport		39
20. In the Evening		42
VOCABULARY		45

BASIC WORD LIST

Review this list carefully.

a and, but, oh

англи́йский, по-англи́йски English, in English

большо́й big, large

был, была́, бы́ло, бы́ли was (*m., f., n.*), were (*pl.*)

в in, into

ваш, ва́ша, ва́ше, ва́ши your, yours (*m., f., n., pl.*)

вот here is, there is (are)

всё all, everything

вы you

где where

говори́ть to speak, to say

да yes

де́лать to do, to make

его́ his, him

её her

здесь here

и and

и́ли or

их their, them

как how

како́й what, what kind of

каранда́ш pencil

кни́га book

когда́ when

кто who

ма́ленький small, little

мой, моя́, моё, мои́ my, mine (*m., f., n., pl.*)

мы we

на on

наш, на́ша, на́ше, на́ши our, ours (*m., f., n., pl.*)

не not

нет no

но but

оди́н, одна́, одно́ one (*m., f., n.*)

он, она́, оно́, они́ he, she, it, they

о́чень very

перо́ pen

писа́ть to write

плохо́й, пло́хо bad, badly

пожа́луйста please

ру́сский, по-ру́сски Russian, in Russian

спаси́бо thank you

так so

там there

то́же also

хоро́ший, хорошо́ good, well

чита́ть to read

что what

э́тот, э́та, э́то, э́ти this (*m., f., n.*), these (*pl.*)

я I

ПРИМЕ́РЫ ДЛЯ ПЕРЕВО́ДА

Examples for Translation

Translate the following sentences and compare your answers with those given on the next page.

1. Что э́то?
2. Кто он?
3. Где они́?—Они́ там.
4. Где она́ была́?—Она́ была́ здесь.
5. Спаси́бо.—Пожа́луйста.
6. Вы говори́те по-ру́сски?
7. Да, я ру́сский.
8. Я то́же ру́сская.
9. А вы говори́те по-англи́йски?
10. Нет, о́чень пло́хо.
11. Вот моя́ кни́га.
12. Когда́ вы бы́ли там?
13. Вот каранда́ш.—А, большо́е спаси́бо.
14. Э́то перо́ моё.
15. Э́тот каранда́ш ваш.
16. Э́то его́ кни́га?—Нет, э́то её кни́га.
17. Она́ чита́ет по-ру́сски?
18. Да, но не о́чень хорошо́.
19. Здесь оди́н каранда́ш и одно́ перо́.
20. Он всё хорошо́ де́лает.
21. Э́та кни́га ва́ша и́ли на́ша?
22. Мой каранда́ш на кни́ге.
23. Мы пи́шем по-англи́йски.
24. Э́то не так хорошо́.
25. Как он пи́шет и чита́ет?

ПРИМЕ́РЫ ДЛЯ ПЕРЕВО́ДА

Examples for Translation

1. What is this?
2. Who is he?
3. Where are they? They are there.
4. Where was she? She was here.
5. Thank you. You are welcome.
6. Do you speak Russian?
7. Yes, I am Russian.
8. I am also Russian (*fem.*).
9. And do you speak English?
10. No, very badly
11. Here is my book.
12. When were you there?
13. Here is a pencil. Oh, thank you very much.
14. This pen is mine.
15. This pencil is yours.
16. Is this his book? No, it is her book.
17. Does she read Russian?
18. Yes, but not very well.
19. Here is one pencil and one pen.
20. He does everything well.
21. Is this book yours or ours?
22. My pencil is on the book.
23. We write in English.
24. This is not so good.
25. How does he write and read?

VOCABULARIES

In the vocabularies that follow each lesson the verbs are given in both aspects. The one occurring in the text is given first. The perfective aspect is placed in parentheses.

A Russian-English reference vocabulary may be found at the end of this book.

1

ПРИВЕ́ТСТВИЯ—GREETINGS

1. Здра́вствуйте. Как вы поживаете ? *How do you do*
2. О́чень хорошо́, спаси́бо. А вы?
1. Хорошо́. А как ва́ша семья́? (а)
2. Спаси́бо. Все здоро́вы. *healthy* (б)
1. Пожа́луйста, приве́т от меня́. (в)
2. Спаси́бо. До свида́ния.
1. Всего́ хоро́шего. (г) *All the best*

Variants

Try to substitute some of the following expressions in the conversation above.   Refer to the paragraphs marked with corresponding letters.

(а) **Ничего́ себе́.**   Not bad.
   Отли́чно.   Fine.
   Та́к себе́.   So-so.
(б) **Ничего́, спаси́бо.**   All right, thanks.
(в) **Переда́йте, пожа́луйста, всем мой приве́т.**   Please give my regards to everyone.
(г) **До ско́рого.**   See you soon (*lit.* until soon).

1

Vocabulary

здра́вствуйте hello, good morning, good afternoon, good
    evening, good day

как вы пожива́ете ? how do you do?

семья́ family

все everybody

здоро́в healthy, well

приве́т greetings

от from

меня́ me

до свида́ния good-bye

всего́ хоро́шего (I wish you) the best of everything

2

ЯЗЫ́К—LANGUAGE

1. Здра́вствуйте. Вы говори́те по-ру́сски? (а)
2. Да, я ру́сский. А вы то́же? (б)
1. Нет. Я изуча́ю ру́сский язы́к здесь.
2. А, уже́ давно́?
1. То́лько пе́рвый год. (в)
2. Вы о́чень хорошо́ говори́те по-ру́сски.
1. Вы ду́маете? . . . Я о́чень хочу́ научи́ться
   говори́ть хорошо́. (г)
2. Е́сли хоти́те, мы мо́жем всегда́ говори́ть по-ру́сски.
1. Спаси́бо, с удово́льствием. (д)

Variants

(а) **До́брое у́тро.** Good morning.
   Добрый ве́чер. Good evening.
(б) **Я роди́лся в Росси́и.** I was born in Russia.
   Я родила́сь в Москве́. I was born (*fem.*) in Moscow.
(в) **Нет, я то́лько начина́ю.** No, I'm just beginning.
(г) **Не зна́ю, пра́вда.** I really don't know.
(д) **Чу́дная мысль.** A wonderful idea.

Vocabulary

изуча́ть (изучи́ть) to study
уже́ already
давно́ for a long time
то́лько only
пе́рвый first
год year
ду́мать (поду́мать) to think
хоте́ть to want, to wish
научи́ться to learn (to do something)
е́сли if
мочь (смочь) to be able
мы мо́жем we can
всегда́ always
с with
удово́льствие pleasure

3

ЗНАКÓМСТВО—MEETING, GETTING ACQUAINTED

May me to introduce myself.

1. Разрешúте предстáвиться. Ивáн Вóлков. (а)
2. Óчень прия́тно. Андрéй Савúцкий. (б)
1. Вы живёте недалекó, прáвда? *not far*
2. Да. Вот э́то наш дом.
1. А мы живём ря́дом. *nearby/next door*
2. Вот как. А вы давнó здесь?
1. Нет, тóлько пéрвый день. Здесь óчень хорошó, прáвда? (в)
2. Да, здесь прия́тно жить. Ну, óчень рад познакóмиться. . . . Надéюсь, что до скóрого. (г)
1. До свидáния. Всегó хорóшего.

Variants

(а) **Позвóльте познакóмиться: Áнна Вóлкова.** May I introduce myself: Anne Volkov.
(б) **Вéра Савúцкая.** Vera Savitzky.
(в) **Нет, мы тóлько что приéхали.** No, we have just arrived.
(г) **Да, éсли вы лю́бите мáленькие городá.** Yes, if you like small towns.

Vocabulary

(разрешить) разрешать to allow

разрешите allow me, may I

представиться to introduce oneself

Иван Волков Ivan (John) Volkov

приятно nice, pleasant

Андрей Савицкий Andrew Savitsky

жить to live

вы живёте you live

недалеко not far

правда right, true; truth

дом house

рядом nearby, next door

вот как is that so?

день day

ну well . . .

рад, рада, рады glad, happy (*m., f., pl.*)

(познакомиться) знакомиться to meet, to make acquaintance

надеяться to hope

надеюсь I hope

до скорого see you soon (*literally:* until soon)

4

ПРИГЛАШЕ́НИЕ—INVITATION

1. Скажи́те, вы свобо́дны сего́дня ?   (a)
2. Да. Я ничего́ не де́лаю.
1. Хоти́те притти́ обе́дать ве́чером ?
2. Спаси́бо, с удово́льствием. В кото́ром часу́ ?   (б)
1. В семь часо́в, е́сли мо́жете. Вы зна́ете наш а́дрес ?
   (в)
2. Да, зна́ю. Так зна́чит, я бу́ду у вас в семь.
1. О́чень хорошо́. До ско́рого.   (г)
2. Спаси́бо и до свида́ния.

Variants

(a) **за́втра** tomorrow
   послеза́втра the day after tomorrow
(б) **Спаси́бо. Э́то о́чень ми́ло.** Thank you. This is very
   nice (of you).
(в) **В семь три́дцать.** At seven-thirty.
   В полови́не восьмо́го. At seven-thirty.
(г) **Ну, чу́дно. Бу́дем вас ждать.** Well, fine. We will be
   expecting you.

Vocabulary

(сказа́ть) говори́ть to tell, to say
скажи́те tell (me)
свобо́ден, свобо́дна, свобо́дно, свобо́дны free (*m., f., n., pl.*)
сего́дня today
ничего́ nothing
(притти́) приходи́ть to come
обе́дать to have dinner
ве́чер evening
ве́чером in the evening
кото́рый which, what
час hour
в кото́ром часу́ at what time
семь seven
знать to know
а́дрес address
зна́чит then, so, that means
быть to be
я бу́ду I shall be
у вас you have; *here:* at your house

5

ПОГО́ДА—WEATHER

1. Кака́я хоро́шая пого́да сего́дня, пра́вда? (а)
2. Да, но, зна́ете, дово́льно хо́лодно. (б)
1. Я люблю́, когда́ хо́лодно. Когда́ сли́шком жа́рко, я не могу́ рабо́тать.
2. Не говори́те о рабо́те. Мне так мно́го ну́жно де́лать!
1. Тогда́ лу́чше рабо́тать сего́дня. За́втра бу́дет о́чень жа́рко. (в)
2. Почему́ вы так ду́маете? (г)
1. В газе́те так пи́шут и по ра́дио так говоря́т. (д)
2. Кто зна́ет!

Variants

(а) **не пра́вда ли?** isn't that right?
(б) **но, по-мо́ему, дово́льно хо́лодно** but I think (in my opinion) it is rather cold
(в) **За́втра начина́ется жара́.** Tomorrow the heat begins.
(г) **Отку́да вы зна́ете?** How do you know?
(д) **и я то же слы́шал по ра́дио** and I heard the same (thing) over the radio

Vocabulary

дово́льно rather; enough
хо́лодно cold
люби́ть to like, to love
я люблю́ I like, I love
сли́шком too
жа́рко hot
рабо́тать to work
о about
рабо́та work
мне ну́жно I must, I have to
мно́го much, a lot, many
тогда́ then, in this case
лу́чше better
за́втра tomorrow
почему́ why
газе́та newspaper
по according to; along, on; *here:* over
ра́дио radio

6

ГДЕ—WHERE

1. Скажи́те пожа́луйста, вы зна́ете, где банк и где по́чта? (а)
2. Да. Куда́ вы идёте снача́ла? (б)
1. Всё равно́.
2. Я иду́ в сто́рону ба́нка. Мы мо́жем пойти́ вме́сте. . . . Вот банк. Ви́дите, напра́во?
1. А да, я ви́жу. (в)
2. А что́бы пойти́ на по́чту, иди́те пря́мо, а пото́м нале́во.
1. Туда́, куда́ е́дет автомоби́ль? (г)
2. Да. Э́то не о́чень далеко́.
1. Большо́е спаси́бо. (д)

Variants

(а) **Прости́те пожа́луйста** . . . Excuse me, please . . .
(б) **Вы сперва́ идёте в банк и́ли на по́чту?** Are you going to the bank first or to the post office?
(в) **Да, я ви́жу. Э́то совсе́м бли́зко.** Yes, I see. It is quite near.

(г) **Туда́, куда́ поверну́л автомоби́ль?** There where the car turned?

(д) **Спаси́бо. Я лу́чше пое́ду на такси́.** Thank you. I'd better take a taxi.

Vocabulary

банк bank
по́чта post office
куда́ where, where to
итти́ (пойти́) to go (on foot)
вы идёте you are going
снача́ла (at) first
всё равно́ it does not matter, it's all the same
сторона́ side, direction
вме́сте together
ви́деть (уви́деть) to see
я ви́жу I see
напра́во on the right, to the right
что́бы to, in order to
иди́те go
пря́мо straight, straight ahead
пото́м afterwards, later, then
нале́во on the left, to the left
туда́ there (with motion)
е́хать (пое́хать) to go (not on foot)
е́дет is going
далеко́ far

7

КОГДА́—WHEN

1. Скажи́те, кото́рый час?
2. Сейча́с ра́но. Пять часо́в. (а)
1. Ой, э́то по́здно! Мне ну́жно итти́ рабо́тать. (б)
2. Когда́ у вас экза́мены?
1. В сре́ду и в четве́рг. (в)
2. А у меня́ экза́мен в пя́тницу. В суббо́ту я е́ду домо́й. Вот бу́дет хорошо́! (г)
1. Вы надо́лго е́дете?
2. Я ещё не зна́ю. (д)
1. Я бу́ду до́ма до конца́ сентября́. (е)
2. Прия́тно бу́дет отдохну́ть!

Variants

(а) **Пять три́дцать.** Five-thirty.
Полови́на шесто́го. Half-past five.
Де́сять мину́т пя́того. Ten minutes past four.
Без двадцати́ пять. Twenty minutes to five.
(б) **Я до́лжен итти́.** I must go.
Я должна́ итти́. I must go (*fem.*).
(в) **В понеде́льник и во вто́рник.** On Monday and on Tuesday.
(г) **В воскресе́нье я е́ду домо́й.** On Sunday I'm going home.
(д) **На три ме́сяца.** For three months.
(е) **Я верну́сь в октябре́, не ра́ньше.** I will return in October, not before.

Vocabulary

сейча́с now, at present
ра́но early
пять часо́в five o'clock
ой oh!
по́здно late
у вас you have
экза́мен examination
среда́ Wednesday
четве́рг Thursday
у меня́ I have
пя́тница Friday
суббо́та Saturday
домо́й home (homeward)
надо́лго for a long time
ещё yet, still; more
до́ма at home
до until, before
коне́ц end
сентя́брь September
(отдохну́ть) отдыха́ть to rest

8

КАК—HOW

1. Я ду́маю, мне на́до бо́льше чита́ть по-ру́сски. Где мо́жно купи́ть ру́сские кни́ги ? (а)
2. Есть оди́н ру́сский магази́н о́коло по́чты.
1. Э́то далеко́ ?
2. Нет, не так далеко́. Че́тверть часа́, не бо́льше. (б)
1. Пешко́м и́ли на авто́бусе ? (в)
2. На авто́бусе.
1. Я чита́ю по-ру́сски не о́чень хорошо́. Я хочу́ что-нибудь не тру́дное. (г)
2. Как ? Я ду́мал, что вы чита́ете по-ру́сски так же хорошо́, как по-англи́йски.
1. Нет. Я говорю́ непло́хо, но чита́ю с трудо́м.
2. Там есть кни́ги, кото́рые вы смо́жете чита́ть без труда́. Вы уви́дите. (д)
1. Ну хорошо́, спаси́бо.

Variants

(а) **газе́ты и́ли журна́лы** newspapers or magazines
(б) **Нет, два шага́. Э́то мину́т пять отсю́да.** No, two steps. It is about five minutes from here.
(в) **на трамва́е** by streetcar
   на метро́ by subway
   на автомоби́ле by car

(г) **чтó-нибудь лёгкое и интерéсное** something easy and interesting.

(д) **Там есть кнúги на все вкýсы.** There are books for all tastes.

Vocabulary

мне нáдо I have to
бóльше more
мóжно one may, one can
(купúть) покупáть to buy
есть there is, there are
магазúн shop, store
óколо near; about (*in the sense of* approximately)
чéтверть quarter
пешкóм on foot
автóбус bus
чтó-нибудь something, anything
трýдный difficult
тáк же just as
неплóхо not badly
с трудóм with difficulty
без without
без трудá without difficulty, without trouble

9

СКÓЛЬКО—HOW MUCH

1. Как дóлго вы бы́ли заграни́цей?
2. Я жил там сейчáс оди́н год. (а)
1. Скажи́те, жизнь там дорогáя?
2. Зави́сит что. Отéли дешёвые. Ресторáны и магази́ны дороги́е.
1. Скóлько стóит кóмната и́ли зáвтрак в ресторáне? (б)
2. За кóмнату я плати́л пять дóлларов в день. Зáвтрак там стóит оди́н дóллар, не мéньше. (в)
1. Ну, э́то не так дóрого. (г)
2. Нет. Но хоти́те хорóший совéт? Вы знáете, скóлько вы хоти́те взять дéнег и скóлько одéжды?
1. Да, э́то я ужé реши́л.
2. Тогдá возьми́те в два рáза бóльше дéнег и в два рáза мéньше одéжды, и всё бýдет хорошó. (д)

Variants

(а) **Я провёл там два мéсяца.** I spent two months there.
(б) **Скóлько стóит, напримéр, кóмната в гости́нице?** How much does a room in a hotel cost, for instance?

(в) За комнату с ванной я платил семь долларов в день. For a room with a bath, I paid seven dollars a day.

(г) Ну, это ещё ничего. Well, that isn't so bad.

(д) и вы чудно проведёте время and you will have a wonderful time.

Vocabulary

долго for a long time
заграницей abroad
жизнь life
дорогой expensive
зависеть to depend
отель hotel
дешёвый cheap
ресторан restaurant
стоить to cost
комната room
завтрак lunch, breakfast
за beyond, behind; *here:* for
платить (заплатить) to pay
доллар dollar
меньше less
совет advice
(взять) брать to take
возьмите take
деньги money
сколько денег how much money
одежда clothes, clothing
(решить) решать to decide
в два раза twice

10

КАКО́Й—WHAT, WHAT KIND OF

1. Сего́дня мы идём покупа́ть автомоби́ль.
2. Вот как ? Но́вый и́ли ста́рый ?
1. Но́вый. То́лько мы не реши́ли, како́й. Жена́ хо́чет америка́нский, а я англи́йский. (а)
2. А почему́ вы предпочита́ете англи́йский ?
1. Потому́ что на́ши автомоби́ли сли́шком дли́нные, сли́шком больши́е и сли́шком широ́кие.
2. Но тогда́ мо́жно сказа́ть, что англи́йские автомоби́ли сли́шком коро́ткие, сли́шком ма́ленькие и сли́шком у́зкие.
1. Да, но они́ не таки́е дороги́е, как на́ши. (б)
2. Зато́ на англи́йском автомоби́ле вы не мо́жете бы́стро е́хать.
1. Тем лу́чше. Я предпочита́ю е́хать ме́дленно, осо́бенно, когда́ пра́вит жена́. Так что, ви́дите, я не зна́ю, что де́лать. (в)
2. Почему́ вы не ку́пите два ?
1. Спаси́бо за сове́т. (г)

Variants

(а) **Муж хо́чет америка́нский.** My husband wants an American (car).

(б) **Я то́же не люблю́ я́ркие цвета́ : кра́сный, бе́лый, зелёный (си́ний, жёлтый, чёрный).** I also do not like bright colors: red, white, green (blue, yellow, black).

(в) **Бы́стро е́хать ? Кому́ э́то ну́жно ?** Drive fast? Who wants to?

(г) **Легко́ сказа́ть.** Easy to say.

Vocabulary

автомоби́ль car, automobile

но́вый new

ста́рый old

жена́ wife

америка́нский American (*adj.*)

предпочита́ть to prefer

потому́ что because

дли́нный long

широ́кий wide

коро́ткий short

у́зкий narrow

тако́й such a, such, so

зато́ on the other hand

бы́стро fast, quickly

тем лу́чше so much the better

ме́дленно slowly

осо́бенно especially

пра́вить to drive (a car, etc.)

два two

11

O ШКО́ЛЕ—ABOUT SCHOOL

1. Как вам нра́вится на́ша шко́ла ?
2. Я о́чень люблю́ её, до́лжен сказа́ть.
1. А вам мно́го ну́жно рабо́тать ?   (а)
2. Да, мно́го.   То́-есть, это зави́сит.   Ру́сский язы́к не о́чень тру́дный, а матема́тику я пло́хо понима́ю.   (б)
1. А что вы де́лаете на уро́ке ру́сского языка́ ?
2. Ну, зна́ете, пи́шем, чита́ем, перево́дим.   Дово́льно мно́го разгова́риваем.
1. Говоря́т, что ваш учи́тель о́чень ми́лый.   (в)
2. О́чень да́же. . . .   А по матема́тике у нас о́чень больши́е зада́ния.
1. Я чита́л, что в Евро́пе ма́ленькие де́ти у́чат а́лгебру и тригономе́трию.
2. Мо́жет быть, это так.   То́лько не говори́те об э́том на́шему учи́телю.   (г)

Variants

(а) **А вы мно́го должны́ занима́ться?**   Do you have to work a lot?

(б) **Поря́дочно. Ру́сский язы́к стра́шно тру́дный.**   Quite a bit.   The Russian language is terribly difficult.

(в) **Э́то пра́вда, что ва́ша учи́тельница дово́льно стро́гая?**   Is it true that your teacher is rather strict?

(г) **Стра́шно поду́мать.**   It's frightening to think of it.

Vocabulary

вам to you
вам нра́вится you like
шко́ла school
до́лжен, должна́, должны́ must (*m., f., pl.*)
то́-есть that means
матема́тика mathematics
понима́ть (поня́ть) to understand
уро́к lesson
переводи́ть (перевести́) to translate
разгова́ривать to talk, to converse
учи́тель teacher (*m.*)
ми́лый nice
да́же even
о́чень да́же very much so
у нас we have
зада́ние assignment
Евро́па Europe
де́ти children
учи́ть (вы́учить) to study, to learn
а́лгебра algebra
тригономе́трия trigonometry
мо́жет быть perhaps, maybe
об э́том about this
на́шему to our (*m.*)

12

O РАБО́ТЕ—ABOUT WORK

1. Где вы рабо́таете сейча́с?
2. В компа́нии "Экспо́рт-Импо́рт." Я там рабо́таю уже́ год. (а)
1. Где э́то?
2. На гла́вной у́лице, о́коло моста́. (б)
1. А сейча́с тру́дно найти́ рабо́ту? Я неда́вно прие́хал, и не зна́ю.
2. Нет, не так тру́дно. Найти́ мо́жно.
1. Ну, а ско́лько здесь получа́ют лю́ди? (в)
2. Как кто. Есть жа́лования в де́сять ты́сяч до́лларов в год, и бо́льше. Сре́днее жа́лование до́лларов сто в неде́лю. А что вы де́лаете? (г)
1. Я рабо́таю сейча́с в гараже́. Э́то не осо́бенно интере́сно. (д)
2. Е́сли хоти́те, заходи́те к нам. Нам нужны́ лю́ди.
1. Большо́е спаси́бо. (е)

Variants

(а) **Я там рабо́таю уже́ пять лет.** I have been working there for five years.
(б) **В це́нтре го́рода, на пло́щади.** In the center of town, on the square.

(в) **Сколько здесь зарабатывают в среднем?** How much do people earn here, on the average?

(г) **Минимальная зарплата—доллар в час.** The minimum wage is $1.00 an hour.

(д) **Я безработный.** I am unemployed.

(е) **Благодарю вас.** I thank you.

Vocabulary

компания company, firm
экспорт-импорт export-import
главный main, chief
улица street
мост bridge
(найти) находить to find
недавно not long ago, lately
(приехать) приезжать to arrive
получать (получить) to receive, to get
сколько how much, how many
люди people
как кто (that) depends who
жалование salary
десять тысяч ten thousand
средний average
сто hundred
неделя week
гараж garage
интересно interesting
заходить (зайти) to drop in
к нам to (see) us
нам нужны we need

13

О ПУТЕШЕ́СТВИИ—ABOUT A TRIP

1. Почему́ вы сего́дня тако́й серьёзный, Ива́н Никола́евич?   (а)
2. Я про́сто уста́л.   О́чень мно́го де́ла здесь.
1. А у меня́, зна́ете, ско́ро о́тпуск, и я бу́ду отдыха́ть.
2. О́тпуск?!   Я ду́мал, что вы сейча́с в отпуску́!
1. Оста́вьте ва́ши шу́тки.   А вы то́же ско́ро уезжа́ете, не пра́вда ли?   (б)
2. Да, я е́ду во Фра́нцию и, мо́жет быть, в Герма́нию. А куда́ вы е́дете?   (в)
1. Я хочу́ пое́хать в А́нглию, во Фра́нцию и в Ита́лию.   (г)
2. Э́то бу́дет интере́сное путеше́ствие.
1. Да, но, к сожале́нию, у меня́ о́чень ма́ло де́нег.
2. Е́сли вам бу́дет о́чень тру́дно с деньга́ми, да́йте мне знать.   Я смогу́ вам одолжи́ть немно́го.
1. Вот спаси́бо!   Я непреме́нно э́то сде́лаю.   У вас есть каранда́ш?   Вы мо́жете дать мне ваш а́дрес и телефо́н?   (д)
2. Мой а́дрес? . . .   Ви́дите, я ещё не зна́ю моего́ а́дреса.

Variants

(a) **Почему́ вы така́я серьёзная Óльга Петро́вна?—Я про́сто уста́ла.** Why are you so serious, Olga Petrovna?—I'm just tired.

(б) **Неостроу́мно.** Not funny.

(в) **Я лечу́ во Фра́нцию, а пото́м в Голла́ндию.** I am flying to France and then to Holland.

(г) **в Бе́льгию, в Шве́цию и в Испа́нию** to Belgium, Sweden, and Spain.

(д) **Мо́жно записа́ть ваш а́дрес и но́мер телефо́на в Пари́же?** Can I write down your address and telephone number in Paris?

Vocabulary

серьёзный serious

Ива́н Никола́евич Ivan Nikolaevich (*literally:* Ivan, son of Nicholas)

про́сто simply

уста́л tired

де́ло business, work

ско́ро soon

о́тпуск leave, vacation

(оста́вить) оставля́ть to leave; *here also:* to quit

шу́тка joke

уезжа́ть (уе́хать) to go away, to leave

не пра́вда ли? isn't that so? truly?

Фра́нция France

Герма́ния Germany

Áнглия England

Ита́лия Italy

к сожале́нию unfortunately

ма́ло little, not much, few

(дать) дава́ть to give

да́йте мне знать let me know

одолжи́ть to lend

непреме́нно without fail

каранда́ш pencil

телефо́н telephone

14

О СВОБОДНОМ ВРЕ́МЕНИ—ABOUT FREE TIME

1. Что вы де́лаете по вечера́м?
2. Э́то зави́сит. Иногда́ мы выхо́дим, иногда́ игра́ем в бридж до́ма, иногда́ про́сто чита́ем. (a)
1. Моя́ жена́ лю́бит игра́ть в бридж, а я не о́чень. У меня́ ве́чером голова́ не рабо́тает. (б)
2. А вы что де́лаете по вечера́м? (в)
1. Иногда́ мы слу́шаем ра́дио. Тепе́рь мы купи́ли телеви́зор.
2. Вы лю́бите телеви́дение?
1. Да. Есть о́чень интере́сные програ́ммы.
2. Но то́же о́чень неинтере́сные рекла́мы.
1. Ну, мо́жет быть. Зато́ вся семья́ сиди́т до́ма бо́льше, чем ра́ньше, и де́ти не бе́гают в кино́. (г)
2. Всё име́ет свою́ хоро́шую сто́рону.

Variants

(a) **Как когда́. Иногда́ мы хо́дим в го́сти. . . .** That depends. Sometimes we visit (friends). . . .

(б) **Мой муж лю́бит игра́ть в ка́рты, а я не о́чень.** My husband likes to play cards, but I don't particularly.

(в) **А как вы прово́дите вре́мя?** How do you spend your time?

(г) **Да, но мы к ним привы́кли.** Yes, but we are used to them.

Vocabulary

по вечера́м in the evenings
иногда́ sometimes
выходи́ть (вы́йти) to go out
игра́ть (поигра́ть) to play
бридж bridge (card game)
ве́чером in the evening
голова́ head
слу́шать (послу́шать) to listen
телеви́зор television set
телеви́дение television
програ́мма program
рекла́ма advertisement
вся the whole, all the (*f.*)
сиде́ть to sit; *here:* to stay
чем than; with what
ра́ньше formerly, before, earlier
бе́гать to run; *here:* to run off
кино́ movies
име́ть to have
свой one's own

15

О ГАЗЕ́ТАХ—ABOUT NEWSPAPERS

1. Вы чита́ли газе́ту у́тром?
2. Да. То́лько не всё, коне́чно.
1. Каки́е но́вости сего́дня? (а)
2. Е́сли вас интересу́ет спорт, то могу́ вам сказа́ть, что на́ша кома́нда вы́играла. (б)
1. Да, э́то я слы́шал. Но я так и ду́мал. . . . А что пи́шут насчёт А́зии? (в)
2. Там, зна́ете, положе́ние дово́льно серьёзное. Никто́ не зна́ет, чем всё э́то ко́нчится. (г)
1. Да, э́то тру́дно сказа́ть. . . . А каки́е ме́стные но́вости?
2. Хоро́шие. Безрабо́тица ме́ньше, чем ме́сяц тому́ наза́д.
1. Э́то я рад слы́шать. А что ещё?
2. Ничего́ осо́бенного. Говоря́т, что ско́ро бу́дет переме́на пого́ды.
1. Бу́дем наде́яться.

Variants

(а) **Что но́вого сего́дня?** What's new today?
(б) **на́ша кома́нда, к сожале́нию, проигра́ла** our team, unfortunately, lost

(в) **Но э́то я предви́дел.**   But this I foresaw.

(г) **Там положе́ние нева́жное.   Так что да́же боя́тся войны́.**
There the situation is not so good.   So that they are
even afraid of war.

Vocabulary

у́тром in the morning
коне́чно of course
но́вость news
вас интересу́ет interests you
спорт sport
кома́нда team
(вы́играть) выи́грывать to win
слы́шать (услы́шать) to hear
и *added for emphasis in:* **так и ду́мал**
насчёт about, regarding
А́зия Asia
положе́ние situation
никто́ nobody
чем *here:* how
(ко́нчиться) конча́ться to end (*intrans*).
ме́стный local
безрабо́тица unemployment
ме́сяц month
тому́ наза́д ago
ничего́ осо́бенного nothing special
переме́на change

PART IV
Четвёртая часть

В РУ́ССКОЙ ЛЕ́ТНЕЙ ШКО́ЛЕ
AT A RUSSIAN SUMMER SCHOOL

16

ПЕ́РВЫЙ ДЕНЬ—THE FIRST DAY

1. Здра́вствуйте. Скажи́те, пожа́луйста, где реги-страция?
2. Здесь. Сади́тесь, пожа́луйста. Напиши́те на ка́рточке ва́шу фами́лию. Так. Спаси́бо.
1. Я хочу́ записа́ться на ку́рсы, но я не зна́ю, что вы́брать.
2. Мы вам помо́жем и посове́туем. Вы давно́ уже́ изуча́ете ру́сский язы́к?
1. Оди́н год. Я не о́чень хорошо́ говорю́ по-ру́сски.
2. Ничего́. Гла́вное, не на́до боя́ться. Ну, по-смо́трим, как вы чита́ете, а пото́м мы поговори́м немно́го.
1. (Чита́ет): ‘‘Мы плы́ли на ло́дке. . . .’’
2. Я сове́тую вам записа́ться на Фоне́тику, на Разгово́р и на Грамма́тику.

1. Да, я хочу́ повтори́ть грамма́тику. Но э́тот уро́к в то же вре́мя, что разгово́р—в де́вять часо́в.
2. Есть второ́й уро́к—в оди́ннадцать часо́в. И э́тот класс немно́го ме́ньше, чем пе́рвый, так что вы смо́жете записа́ться туда́.
1. Большо́е спаси́бо.
2. Всего́ хоро́шего.

Vocabulary

регистра́ция registration
сади́тесь sit down
ка́рточка card
фами́лия last name
(записа́ться) запи́сываться to register
курс course
(вы́брать) выбира́ть to choose
(помо́чь) помога́ть to help
мы помо́жем we will help
(посове́товать) сове́товать to advise
мы посове́туем we will advise
боя́ться to be afraid
(посмотре́ть) смотре́ть to look
посмо́трим let us see
плыть (поплы́ть) to swim; *here:* to sail
ло́дка boat
фоне́тика phonetics
разгово́р conversation
грамма́тика grammar
(повтори́ть) повторя́ть to repeat; to review
то that
то же the same
вре́мя time
де́вять nine

оди́ннадцать eleven
класс class

Расска́з

Сего́дня у́тром я пошёл на регистра́цию в конто́ру шко́лы. Снача́ла, я запо́лнил ка́рточку, пото́м прочита́л коро́ткий расска́з, и зате́м поговори́л с преподава́телем. Он посове́товал мне записа́ться на Фоне́тику, Разгово́р и Грамма́тику.

Уро́ки начина́ются в понеде́льник. Мой пе́рвый уро́к бу́дет в де́вять часо́в утра́, второ́й в оди́ннадцать а тре́тий уро́к в двена́дцать.

Vocabulary

пошёл, пошла́, пошли́ went (*m., f., pl.*)
конто́ра office
(запо́лнить) заполня́ть to fill out
расска́з story
зате́м after that
преподава́тель teacher (*m.*)
начина́ться (нача́ться) to begin (*intrans.*)
понеде́льник Monday
у́тро morning
двена́дцать twelve

17

В СТОЛÓВОЙ—IN THE DINING ROOM

1. Здрáвствуйте.
2. Дóбрый вéчер.   Кáжется, я здесь сижý.
1. Да, э́то стол нóмер пять. Вы тóлько что приéхали,
   не прáвда ли ?
2. Да, я приéхала пóсле зáвтрака.   На автомобúле
   с подрýгой.
1. А я вчерá на автóбусе.   Вы здесь бы́ли рáньше ?
2. Нет, э́то мой пéрвый год.   Сначáла, как-то трýдно,
   знáете.   Всё по-рýсски.   Смотрúте, здесь дáже
   меню́ по-рýсски.
1. Да, да. . . .   А вы всё понимáете ?
2. Почтú всё.   Я понимáю лýчше, чем говорю́.   Ну
   вот, я знáю, как сказáть "сáхар," "соль,"
   "хлеб."   А что э́то ?   И вот э́то ?
1. Э́то—пéрец.   А э́то—горчúца.
2. А.   Передáйте, пожáлуйста, горчúцу.
1. Вот, пожáлуйста.   Вúдите, здесь ýчат нóвые
   словá без словаря́.
2. Прáвда. . . .   Ну вот, все кóнчили и встаю́т.
1. Да.   Тепéрь мóжно пойтú покурúть.

Vocabulary

до́брый ве́чер good evening
ка́жется it seems, I think
стол table
но́мер number
то́лько что just (now), recently
по́сле after
подру́га friend (*f.*)
вчера́ yesterday
как-то somehow
меню́ menu
почти́ almost
са́хар sugar
соль salt
хлеб bread
пе́рец pepper
горчи́ца mustard
(переда́ть) передава́ть to hand (over); to convey
сло́во word
слова́рь dictionary, vocabulary
(ко́нчить) конча́ть to finish
встава́ть (встать) to get up
тепе́рь now, at present
(покури́ть, вы́курить) кури́ть to smoke

Расска́з

Наша столо́вая больша́я и хоро́шая. За столо́м сидя́т студе́нты и студе́нтки. Во главе́ стола́ сиди́т преподава́тель и́ли преподава́тельница. Студе́нты по о́череди сидя́т ря́дом с ни́ми.

В шко́ле есть ученики́, кото́рые, мо́жно сказа́ть, начина́ют говори́ть по-ру́сски, и други́е, кото́рые говоря́т уже́ совсе́м свобо́дно. Я где-то посреди́не.

Vocabulary

студéнт, студéнтка student of a higher institution (*m., f.*)
во главé at the head
преподавáтельница teacher (*f.*)
по óчереди in turn
с нúми with them; *here:* (next) to them
начинáть (начáть) to begin (*trans.*)
другóй other
совсéм quite
гдé-то somewhere
посредúне in the middle

18

ПЕ́РЕД УРО́КОМ—BEFORE CLASS

1. Вот звоно́к.   Пора́ итти́ в класс.
2. Нет, э́то не наш звоно́к.
1. Как, не наш?
2. Э́то коне́ц пе́рвого уро́ка.   Наш уро́к начина́ется че́рез де́сять мину́т.
1. Да, ве́рно. . . .   А каки́е у вас уро́ки пото́м?
2. В де́сять исто́рия, а в двена́дцать литерату́ра.   А у вас?
1. Разгово́р, а пото́м сочине́ние.   Жа́лко, я хоте́л записа́ться на ле́кции по литерату́ре, но пото́м поду́мал, что э́то сли́шком тру́дно.
2. Ну, не зна́ю.   Приходи́те про́сто слу́шать ле́кции, е́сли вы свобо́дны в двена́дцать.
1. А э́то мо́жно?
2. Да.   Как вольнослу́шатель.   Коне́чно, вы не мо́жете держа́ть экза́мен пото́м.
1. Э́то нева́жно.   Мне про́сто интере́сно послу́шать.
2. Вот идёт профе́ссор из кла́сса.   Спроси́те его́.
1. Да.   Ну, до ско́рого.

Vocabulary

пе́ред before; in front
звоно́к bell

порá it is time (to)
чéрез through; *here:* in
дéсять ten
минýта minute
вéрно that's right; correct
истóрия history, story
литератýра literature
сочинéние composition
жáлко too bad; it's a pity
лéкция lecture
приходúте come
вольнослýшатель auditor
держáть to hold; to keep
держáть экзáмен to take an examination
невáжно unimportant; it does not matter
(спросúть) спрáшивать to ask (a question)

Расскáз

Сегóдня, покá мы ждáли звонкá, я говорúл со студéнтом стáршей грýппы. Он изучáет óчень интерéсные предмéты. Надéюсь, что чéрез год я смогý изучáть то же сáмое. Но, до э́того, нáдо бýдет немнóго порабóтать. Покá что, я бýду ходúть в класс и слýшать лéкции по литератýре. Все говоря́т, что э́то óчень интерéсно.

Vocabulary

покá while
ждать (подождáть) to wait for
стáрший eldest; *here:* advanced
грýппа group
предмéт subject
то же сáмое the same
покá что for the time being
ходúть to go (on foot); *here:* to visit

19

СПОРТ—SPORT

1. Хотите играть в теннис сегодня?
2. Давайте поиграем завтра. Сейчас я хочу поехать на озеро. Мы только что играли в волейбол против команды другой школы.
1. Да? Какой был счёт?
2. Пятнадцать—девять и пятнадцать—одиннадцать.
1. Да, а кто выиграл?
2. Мы, конечно! У нас отличные игроки в этом году.
1. Может быть, вы тоже чемпион тенниса?
2. О, нет. Вчера я очень плохо играл. Каждый удар был или аут, или в сетку.
1. Ну, посмотрим, что будет завтра. Вы пред-\ почитаете одиночную игру, или парную?
2. Парную, пожалуй. Или смешанную.
1. Отлично. В два часа, скажем? Я буду вас ждать на площадке и принесу мячи и ракеты.
2. Спасибо. А вы не хотите сейчас поехать на озеро?
1. Хорошо. Одну минуту. Я только пойду в общежитие и возьму свои вещи.

Vocabulary

те́ннис tennis
дава́йте let us
о́зеро lake
волейбо́л volleyball
про́тив against, opposite
счёт score
пятна́дцать fifteen
отли́чный (*adv.:* **отли́чно**) fine
игро́к player
чемпио́н champion
уда́р stroke
а́ут out (in tennis, etc.)
се́тка net
одино́чная игра́ singles
па́рная doubles
пожа́луй maybe; I guess
сме́шанная mixed doubles
ска́жем let us say
площа́дка court
(принести́) приноси́ть to bring
мяч ball
раке́та, раке́тка racket
общежи́тие dormitory
вещь thing

Расска́з

В шко́ле мно́гие занима́ются спо́ртом. У нас есть хоро́шие те́ннисные ко́рты, площа́дки, где мо́жно игра́ть в волейбо́л и так да́лее.

Недалеко́ от шко́лы есть небольшо́е о́зеро. Там мо́жно пла́вать и сиде́ть на пля́же. Мы там игра́ем в ра́зные и́гры. Не́которые ученики́ беру́т туда́ кни́ги, что́бы занима́ться.

Vocabulary

мно́гие many, numerous
занима́ться (заня́ться) to practice, to be busy with
корт court
и так да́лее and so forth; etc.
пла́вать to swim
пляж beach
ра́зные different, various (*pl.*)
игра́ game
не́которые some, certain (*pl.*)

20

ВÉЧЕРОМ—IN THE EVENING

1. Что вы дéлаете сегóдня вéчером?
2. Я идý на лéкцию. Хочý послýшать профéссора, котóрый приéхал вчерá. Он бýдет говорúть о теáтре.
1. Вы знáете, в котóром часý лéкция? Я тóже хочý пойтú тудá.
2. В половúне восьмóго. А потóм бýдут рýсские тáнцы. Вы пойдёте?
1. Нет. Я не умéю танцовáть.
2. Ну, чтó вы! Мóжно всегдá научúться.
1. Мóжно, конéчно, но мне нýжно для э́того не шесть недéль, а шесть мéсяцев. Нет, я лýчше пойдý поигрáть в шáхматы úли в бридж.
2. Я довóльно люблю́ бридж. Но, навéрно, трýдно игрáть по-рýсски?
1. Нет, прóсто нáдо знать рáзные выражéния: без кóзыря, пúки, чéрвы, бýбны, трéфы. . . . Вот и всё.
2. А потóм нáдо ещё научúться спóрить по-рýсски и докáзывать партнёру, что он непрáв.
1. Всё в своё врéмя.

Vocabulary

профе́ссор professor
теа́тр theater
полови́на half
полови́на восьмо́го half-past seven
та́нец dance
уме́ть to know how
что́ вы what do you mean! is that so?
для for
шесть six
ша́хматы chess
наве́рно probably, surely
выраже́ние expression
без ко́зыря no trump
пи́ка spade
че́рва heart
бу́бна diamond
тре́фа club
спо́рить (поспо́рить) to argue
дока́зывать (доказа́ть) to prove
партнёр partner
непра́в wrong; not right
всё в своё вре́мя there is a time for everything (*lit.:* everything
  at its proper time)

Расска́з

Вчера́ ве́чером бы́ло о́чень интере́сно. Мы слу́шали
ле́кцию профе́ссора, кото́рый прие́хал сюда́ в го́сти.
Он говори́л о теа́тре и о бале́те в Росси́и.

По́сле ле́кции мно́гие пошли́ танцова́ть, не́которые
студе́нты игра́ли в ша́хматы и́ли в бридж, а мно́гие,
коне́чно, пошли́ занима́ться.

Наш гость говори́л, что ему́ о́чень понра́вились
на́ши та́нцы и на́ши костю́мы.

Vocabulary

сюда here (with motion)
в го́сти on a visit, to visit
бале́т ballet
Росси́я Russia
танцова́ть to dance
гость guest
ему́ понра́вились he liked
костю́м costume

VOCABULARY

а and, but, oh
автобус bus
автомобиль car, automobile
адрес address
Азия Asia
алгебра algebra
американский American (*adj.*)
английский English (*adj.*)
Англия England
аут out (in tennis, etc.)

балет ballet
банк bank
бегать to run
без without
безработица unemployment
большой big, large
бояться (побояться) to be afraid
брать (взять) to take
бридж bridge (card game)
бубна diamond
был was
были were
быстро quickly, fast
быть to be

в in, into
в гости visiting, to visit
вам to you
вас you (*acc.*)

вас интересует interests you
ваш your, yours
верно right, correct
вечер evening
вечером in the evening
вещь thing
видеть (увидеть) to see
вместе together
во главе at the head
волейбол volleyball
вольнослушатель auditor
вот here is, there is (are)
вот как is that so
время time
все all (the); everybody
всё all, everything
всегда always
всем to everybody
всё равно it's all the same
всего хорошего the best of everything
вставать (встать) to get up
вся all (*f.*)
вчера yesterday
вы you
выбирать (выбрать) to choose
выигрывать (выиграть) to win
выражение expression
выходить (выйти) to go out

газета newspaper
гараж garage

45

где where
где-то somewhere
Германия Germany
главный main, chief
говорить (поговорить) to speak
говорить (сказать) to say
год year
голова head
горчица mustard
гость guest
грамматика grammar
группа group

да yes
давайте let us
давать (дать) to give
давно long ago
даже even
далеко far, far away
два two
двенадцать twelve
девять nine
делать (сделать) to do, to make
день day
держать to hold
десять ten
дети children
дешёвый cheap
длинный long
для for
до before
до скорого see you soon (lit.: until soon)
добрый вечер good evening

довольно rather, enough
доказывать (доказать) to prove
долго for a long time
должен must
доллар dollar
дом house
дома at home
домой home
дорогой expensive, dear
другой another
думать (подумать) to think

Европа Europe
его his, him
её her
если if
есть there is, there are
ехать (поехать) to go (not on foot)
ещё more, yet, still

жалование salary
жалко it's a pity
жарко hot
ждать (подождать) to wait
жена wife
жизнь life
жить to live

за behind, beyond, for
зависеть to depend
завтра tomorrow
завтрак lunch, breakfast
задание assignment
заграницей abroad
заниматься (заняться) to be busy with

записываться (записаться) to register
заполнять (заполнить) to fill
затем after that
зато on the other hand
заходить (зайти) to drop in
звонок bell
здесь here
здоров well, healthy
здравствуйте hello
знакомство meeting, getting acquainted
знать to know
значит so; that means

и and
и так далее and so forth; etc.
игра game
играть (поиграть) to play
игрок player
из out of
изучать (изучить) to study, to learn
или or
иметь to have
иногда sometimes
интересно interesting
история story, history
Италия Italy
итти (пойти) to go (on foot)
их their, them

к to, towards
к сожалению unfortunately
к счастью fortunately
кажется it seems; I think
как how

как вы поживаете how are you, how do you do
какой what, what kind of
карандаш pencil
карточка card
кино movies
класс class
класть (положить) to put
когда when
козырь trump
команда team
комната room
компания company
конец end
конечно of course
контора office
кончать (кончить) to finish (trans.)
кончаться (кончиться) to finish
короткий short
корт court
костюм suit
который which
который час what time is it
кто who
куда where, where to
курить (покурить, выкурить) to smoke
курс course

лекция lecture
летний summer (adj.)
лето summer
литература literature
лодка boat

лу́чше better
люби́ть (полюби́ть) to like, to love
лю́ди people

магази́н shop, store
ма́ленький little, small
ма́ло little, not much, few
ме́дленно slowly
ме́ньше less
меню́ menu
меня́ me
ме́стный local
ме́сяц month
ми́лый nice
мину́та minute
мне на́до I must
мне ну́жно I must
мно́го a lot, much, many
мо́жет быть maybe, perhaps
мо́жно it is possible
мой my, mine (*m.*)
мост bridge
мочь (смочь) to be able
мы we
мяч ball

на on
наве́рно surely, probably
наде́яться to hope
на́до it is necessary
надо́лго for a long time
нале́во on the left, to the left
нам to us
нам ну́жно we need
напра́во on the right, to the right

нас us
насчёт regarding
находи́ть (найти́) to find
начина́ть (нача́ть) to begin (*trans.*)
начина́ться (нача́ться) to begin
наш our, ours
на́шему to our
не not
не пра́вда ли right? isn't that so?
нева́жно unimportant
неда́вно lately, not long ago
недалеко́ near, nearby
неде́ля week
не́который some, certain
немно́го little, not much, few
непло́хо not badly
непреме́нно without fail
нет no
никто́ nobody
ничего́ nothing
ничего́ осо́бенного nothing special
но but
но́вость news
но́вый new
но́мер number
нра́виться (понра́виться) to please
ну well. . . .
ну́жно it is necessary

о about, regarding
об э́том about this

обе́дать (пообе́дать) to dine
общежи́тие dormitory
оде́жда clothes
оди́н one (*m.*)
оди́ннадцать eleven
одна́ one (*f.*)
одолжи́ть to lend
о́зеро lake
ой oh
о́коло near
он he
она́ she
они́ they
осо́бенно especially
оставля́ть (оста́вить) to leave
от from
отдыха́ть (отдохну́ть) to rest
оте́ль hotel
отли́чно fine, splendid
о́тпуск leave, vacation
о́чень very
о́чень да́же very much so

па́рная игра́ doubles
партнёр partner
пе́рвый first
переводи́ть (перевести́) to translate
пе́ред before, in front
пе́рец pepper
передава́ть (переда́ть) to convey, to hand over, to give
переме́на change
перо́ pen
пешко́м on foot
пи́ка spade

писа́ть (написа́ть) to write
пла́вать to swim
плати́ть (заплати́ть) to pay
пло́хо badly
плохо́й bad
пло́щадь square
плыть to swim
пляж beach
по along, on, according to
по вечера́м in the evenings
по о́череди in turn
повторя́ть (повтори́ть) to repeat, to review
пого́да weather
подру́га friend
пое́здка trip
пожа́луй maybe
пожа́луйста please
по́здно late
пока́ что for the time being, so far
покупа́ть (купи́ть) to buy
полови́на half
положе́ние situation
получа́ть (получи́ть) to receive, to get
помога́ть (помо́чь) to help
понеде́льник Monday
понима́ть (поня́ть) to understand
пора́ it is time to
по́сле after
посреди́не in the middle
пото́м later, after that, then
потому́ что because
почему́ why

почта post office
почти almost
пошёл, пошла, пошли went
правда true, truth
править to drive
предмет object; subject (in studies)
предпочитать (предпочесть) to prefer
представляться (представиться) to introduce oneself
преподаватель teacher (*m.*)
преподавательница teacher (*f.*)
привет regards
приветствие greetings
приглашение invitation
приезжать (приехать) to arrive (not on foot)
приносить (принести) to bring
приходить (притти) to arrive (on foot)
приятно pleasant
программа program
просто simply
против against, opposite
прямо straight
путешествие trip
пятнадцать fifteen
пятница Friday
пять five

работа work
работать to work
рад glad

радио radio
разговаривать to talk
разговор conversation
разные different, various
разрешать (разрешить) to allow
ракетка, ракета racket
рано early
раньше earlier
рассказ story
регистрация registration
реклама advertisement
рекомендовать to recommend
ресторан restaurant
решать (решить) to decide
Россия Russia
русский Russian
рядом near, nearby

с with
с ними with them
садиться (сесть) to sit down
сахар sugar
свободный free
свой one's own
сегодня today
сейчас now, at present
семь seven
семья family
сентябрь September
сердиться (рассердиться) to be (to get) angry
серьёзный serious
сетка net
сидеть (посидеть) to sit
скажем let us say

скажи́те tell (me)
ско́лько how much, how many
ско́ро soon
сли́шком too
слова́рь dictionary, vocabulary
сло́во word
слу́шать (послу́шать) to listen
слы́шать (услы́шать) to hear
смешно́й funny
сме́шанный mixed
смотре́ть (посмотре́ть) to look
снача́ла at first
сове́т advice
сове́товать (посове́товать) to advise
совсе́м quite
соль salt
сочине́ние composition
спаси́бо thank you
спи́чка match
споко́йный quiet, calm
спо́рить (поспо́рить) to argue
спорт sport
спра́ва from the right
спра́шивать (спроси́ть) to ask
среда́ Wednesday
сре́дний average
ста́рый old
сто hundred
сто́ить to cost
стол table
столо́вая dining room
сторона́ side, direction
стра́шный frightful
студе́нт student

суббо́та Saturday
сча́стье luck, happiness
счита́ть to count
счёт score, bill
сюда́ here (with motion)

так so
так же just as
так как because, since
та́кже as well
тако́й such
там there
та́нец dance
танцова́ть to dance
теа́тр theater
телеви́дение television
телеви́зор television set
телефо́н telephone
те́ннис tennis
тепе́рь now, at present
тогда́ then
то есть that means
то же the same
то́же also
то́лько only
то́лько что just, just now
тому́ наза́д ago
тот же са́мый the very same
тре́тий third
тригономе́трия trigonometry
тре́фа club
труд labor
тру́дный difficult
туда́ there (with motion)
ты́сяча one thousand

у by, at
у вас you have
у меня I have
у нас we have
уда́р stroke
удово́льствие pleasure
уезжа́ть (уе́хать) to go away
  (not on foot)
уже́ already
у́зкий narrow
у́лица street
уме́ть to know how
уро́к lesson
уста́л tired
у́тро morning
у́тром in the morning
уходи́ть (уйти́) to go away (on
  foot)
учи́тель teacher
учи́ть (вы́учить) to learn, to
  study
учи́ться (научи́ться, вы́учи-
  ться) to study

фоне́тика phonetics
Фра́нция France

хлеб bread
ходи́ть to go, to walk
хо́лодно cold
хоро́ший good
хорошо́ well

хоте́ть to want

час hour
чем than, with what
чемпио́н champion
че́рез through; in (with time
  expressions)
чёрный black
че́рва heart
четве́рг Thursday
че́тверть quarter
чита́ть (прочита́ть) to read
что what, that
что́-нибудь anything, something
что́бы to, in order to
что вы ! what do you mean!

ша́хматы chess
шесть six
широ́кий wide, broad
шко́ла school
шля́па hat
шу́тка joke

экза́мен examination
экспо́рт export
э́тот, э́та, э́то, э́ти this (m.,
  f., n.,), these (pl.)

я I
язы́к language

NTC RUSSIAN TEXTS AND MATERIAL

Manual and Audiocassette
How to Pronounce Russian Correctly

Graded Readers
Basic Russian, Book 1
Basic Russian, Book 2
Beginner's Russian Reader
Russian Intermediate Reader
Modern Russian Reader for Intermediate Classes

Civilization & Culture
Russian Composition and Conversation
Business Russian
Russian Area Reader
Songs for the Russian Class

Literary Adaptations
Trio: Intermediate-Level Adaptations of Pushkin, Lermontov,
    and Gogol
Quartet: Intermediate-Level Adaptations of Turgenyev, Tolstoy,
    Dostoyevsky, and Chekhov

Annotated Russian Literature
Six Soviet One-Act Plays
The Inspector General
The Queen of Spades
Asya

Grammar and Reference
Simplified Russian Grammar
Reading and Translating Contemporary Russian
Roots of the Russian Language
Essentials of Russian Grammar
Pattern Drills in Russian

Language Learning Material
NTC Language Learning Flash Cards
NTC Language Posters
NTC Language Puppets
Language Visuals

Duplicating Masters
Basic Vocabulary Builder
Practical Vocabulary Builder

For further information or a current catalog, write:
National Textbook Company
a division of NTC Publishing Group
4255 West Touhy Avenue
Lincolnwood, Illinois 60646-1975 U.S.A.